LE QUADRILLE
DES ENFANS,
OU
SYSTÊME NOUVEAU
DE LECTURE,

AVEC LEQUEL TOUT ENFANT de quatre à cinq ans peut apprendre à lire en moins de trois ou quatre mois par le moyen de quatre-vingt-dix images qu'on y employe.

SECONDE ÉDITION,

Revûe & perfectionnée à l'ufage des Demoifelles élevées dans la Maifon Royale

DE LOUIS DE St. CYR.

Le prix eft de 6. livres broché avec les cinq Planches.

A PARIS,

Chez JACQUES VINCENT, rue Saint Severin à l'Ange.

M. DCC. LXVIII.

AVEC APPROBATION ET PRIVILEGE DU ROY.

Le prix de cette Brochure eft de 6. fols.

(C.)

AVERTISSEMENT.

EN publiant cet Ouvrage je n'ai pas prétendu supprimer l'usage des Fiches qui sont aussi instructives entre les mains d'un Maître, plus amusantes & plus commodes, que les Planches qui sont dans ce livre. Mais comme j'ai voulu rendre mon Systême utile, même aux personnes moins aisées, j'ai cru devoir publier un Ouvrage d'un prix médiocre qui développât en même tems les principes de ma Méthode, & suppléât en quelque sorte aux Fiches que bien des gens ne sont pas en état d'acheter. Cependant j'exhorte ceux qui veulent faire instruire leurs Enfans selon ma Méthode, d'acheter, s'ils peuvent faire cette petite dépense, & les Fiches & l'Ouvrage que je publie. Et dans le cas qu'on s'y détermine, on s'adressera à l'Auteur, *demeurant à la Pension de l'Hôtel de Soyecourt, rue de l'Arcade proche l'Eglise de la Magdelaine Fauxbourg Saint-Honoré, où on sera sûr de le trouver tous les jours & à toute heure.*

Les personnes qui voudroient avoir quelque éclaircissement sur sa nouvelle Méthode, ou qui souhaiteroient un Maître ou une Maîtresse pour leurs Enfans, auront la bonté de s'adresser à lui.

On trouvera après ces Réflexions sur l'éducation des Enfans le nom & la demeure d'une partie des Enfans, qui ont appris ou qui apprennent encore à lire par cette Méthode.

Les personnes qui voudront enseigner par cette Méthode n'auront qu'à s'adresser à l'Auteur qui leur donnera des pratiques quand elles s'y seront mises au fait.

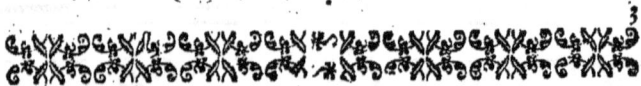

REFLEXIONS

Sur la première éducation ou sur les moyens de bien élever les Enfans du premier âge.

ON a toûjours regardé l'éducation de la Jeuneſſe comme l'objet le plus important pour un état, & les plus ſages Légiſlateurs ne l'ont jamais perdu de vue. Ce qui doit ſurprendre, c'eſt la biſarrerie de nos mœurs, qui attache ordinairement une ſorte de mépris à la profeſſion de ceux qui ſe conſacrent à un ſi pénible emploi. On convient qu'on leur confie ce qu'on a de plus cher; on avoüe qu'on attend de leurs ſoins & de leur capacité ce qui doit un jour faire le bonheur, la tranquillité, ſouvent même l'élevation d'une famille, & par le plus injuſte de tous les caprices on ſe forme pour l'ordinaire des idées baſſes de leur miniſtère qui aviliſſent aux yeux de la plûpart des hommes leur profeſſion, & inſpirent des ſentimens de mépris ou du moins d'indifférence pour leur perſonne. Quel contraſte! quelle contradiction d'idées & de jugemens! les Anciens, les Grecs ſur-tout, ont été plus ſenſés, & partant des mêmes principes que nous, ils ont raiſonné & agi plus conſéquemment.

Mais ſur cet article-là-même, ce n'eſt pas encore le ſeul point où l'on remarque de la contrariété dans nos deſſeins & dans notre conduite. Demandez à un pere, à une mere, s'ils ne ſont pas dans la réſolution de donner à leurs Enfans, à un fils unique une bonne & ſolide éducation qui les rende capables de faire honneur à leur famille, & de ſervir utilement l'Etat? En eſt-il un ſeul, pour peu qu'il ſe pique de bon ſens & d'être bien élevé lui-même, qui, à l'entendre, n'eût des reproches éternels à ſe faire, s'il négligeoit quelque choſe pour cela? Mais en verrez-vous beaucoup qui cherchent & ſaiſiſſent les vrais moyens d'y réuſſir? Pour le choix des perſonnes à qui ils confient l'éducation de leurs Enfans à qui s'en rapportent-ils ? Sont-ce des gens éclairés & connoisseurs qu'ils consultent ? Souvent le caprice d'un ami, d'une personne pour laquelle ils se font un mérite d'avoir de la déférence, une tendresse aveugle, un vil intérêt font la régle de leur choix; & ce choix fait ainsi au hazard & sans lumieres, ils croyent avoir rempli leur devoir de pere : on diroit que l'éducation de leurs Enfans est une chose qui ne les interesse plus, ils n'y pensent plus. Tel qui aura l'œil sur son palefrenier, & sera fort attentif à observer si ses chevaux sont bien pensés, se fait une honte d'entrer dans le détail des vûes d'un Gouverneur qu'il a donné à son fils. Ne diroit-on pas qu'il juge que c'est une chose indigne de lui de s'abaisser jusqu'à s'instruire des moyens que l'on employe pour former l'esprit & le cœur d'un Enfant, de s'informer des progrès qu'il fait, de seconder les desseins & le zéle d'un Maître, de l'aider à triompher des obstacles qu'il a à surmonter ? Qu'il ne s'en mêle pas, à la bonne heure, s'il est sûr que la personne qu'il a chargé de l'éducation de son Fils, est douée d'un vrai mérite, & capable de s'acquiter dignement de cet employ, & s'il se rend lui-même la justice de croire qu'il n'a ni assez de lumieres, ni assez d'expérience pour une chose qui en demande beaucoup.

Car il faut convenir que la plupart des parens donnent dans un autre défaut qui n'est pas moins pernicieux. Sans talens, sans connoissance, sans expérience, ils veulent en savoir plus qu'un homme de mérite qu'ils ont eu le bonheur de rencontrer. Assez peu sensez pour désaprouver le plan d'éducation d'un Maître judicieux, ils sont encore assez injustes pour exiger qu'il suive leurs idées quelque folles qu'elles soient. Ils gâtent tout & ne s'en apperçoivent pas, ou ne s'en apperçoivent à la fin que pour faire retomber sur un Maître innocent la faute qu'ils ont seuls commise. D'autres par une complaisance fatale à leurs Enfans rendent inutiles les moyens que la sagesse d'un Maître employe pour les corriger de leurs défauts & pour les porter à la vertu. Aveugles qui ne prévoyent pas les suites funestes de leur molle indolence, & ne les sentent que lorsqu'il n'y a plus de remede. On ne finiroit point si l'on vouloit détailler toutes les fautes où tombent les parens par rapport à l'éducation de leurs Enfans; je me borne à leur donner quelques avis qu'ils prendront, comme je l'espere, en bonne part, & qui pourront leur faciliter les moyens d'élever leurs Enfans dans leur tendre jeuneſſe. Ils ſont d'autant plus obligés de ne pas négliger ces premiers commencemens, que de-là dépend le reſte de l'éducation.

Qu'il ſeroit bien à ſouhaiter qu'ils fuſſent un peu plus ſcrupuleux qu'ils ne le ſont pour l'ordinaire, ſur le choix des Gouvernantes qu'ils donnent à leurs Enfans. Si celles-ci manquent des talens neceſſaires, on ne ſauroit comprendre combien leur incapacité eſt pernicieuſe à leurs éleves. Les mauvaiſes impreſſions qu'elles font ſur leur eſprit & ſur leur cœur ſont en ſi grand nombre & ſi profondes, qu'on ne réuſſit preſque jamais à les effacer entierement. Leurs préjugés, leurs préventions, leurs foibleſſes, leurs erreurs, leurs airs, leurs geſtes, leurs diſſipations, leurs défauts, les Enfans copient tout, ils penſent, ils parlent, ils agiſſent comme elles. Ce qu'elles craignent, ils craignent, ils aiment ce qu'elles aiment, leur goût, leurs idées, leurs ſentimens ſont les mêmes.

Lorſqu'il eſt queſtion de donner une Gouvernante à un Enfant, quelles ſont les qualités qui fixent le choix des parens ? Il ſuffit à la plupart qu'ils lui reconnoiſſent de la douceur dans le caractere, qui leur fait augurer qu'elle aura de la tendreſſe pour l'Enfant qu'on lui confie, & qu'elle s'attachera à lui. C'eſt une qualité eſſentielle, j'en conviens, & rien ne peut être plus pernicieux qu'une humeur colere & feroce que quelques-unes n'ont pas même la précaution de diſſimuler. Mais a-t-elle de l'éducation ? a-t-elle de la juſteſſe & une ſorte d'élevation dans l'eſprit, de la droiture dans le cœur ? a-t-elle aſſez d'adreſſe & d'habitude pour manier l'eſprit de ſon Éleve, & pour lui donner le pli quil faut ? c'eſt à quoi on penſe le moins.

Mais auſſi s'ils en connoiſſent qui ait les qualités dont je viens de parler, qu'ils n'épargnent rien pour ſe l'attacher ; ils ne ſauroient faire un meilleur emploi des biens dont la fortune les a favoriſés ; & après qu'ils y auront réuſſi, qu'ils lui accordent une pleine autorité, & l'honorent d'une entiere confiance. Plus les Enfans s'appercevront de la déference & de la confiance qu'on aura en elle, plus ils ſeront dociles à ſes inſtructions, & ſoumis à ſes ordres.

Peut-on voir sans quelque mouvement d'indignation la sotte curiosité des peres & des meres qui interrogent sécrétement les Enfans sur ce que font & ne font pas les Gouvernantes ? S'ils avoient du moins assez d'esprit & de prudence pour tirer adroitement d'eux ce qu'ils veulent savoir, sans qu'ils s'en apperçussent, le mal seroit moins grand. Mais quelle confiance veulent-ils que des Enfans aient en leur Gouvernante, tandis qu'eux-mêmes paroissent s'en défier par les questions qu'ils leur font sur sa conduite ? La Gouvernante peut-elle après cela parler avec l'autorité nécessaire, & se faire obéir avec le respect qui lui est dû ? & comme elle n'est pas long-tems à s'instruire des soupçons que les parens semblent former sur sa conduite, peut-elle ne pas se dégoûter de l'emploi pénible dont elle est chargée ? il faut en ce cas bien de la force d'esprit pour ne se pas rebuter, & pour s'attacher à des parens qui payent si mal le service qu'on leur rend. Ce n'est pas que je trouve mauvais que les parens éclairent la conduite d'une Gouvernante, mais qu'ils le fassent par des voyes aussi inconnues à l'Enfant qu'à la Gouvernante elle-même : & dès qu'ils ont acquis sur ce sujet une certitude raisonnable, qu'ils se reposent entierement sur elle. Ces questions secrettes que l'on fait à des Enfans ne servent qu'à leur inspirer de la méfiance & des sentimens de mépris pour leur Gouvernante, & à indisposer peu-à-peu leur esprit contre elle. Car dans ces sortes de confessions secrettes qu'on exige d'eux, s'ils se sentent coupables de quelque faute, ils ne manquent pas de la colorer & de la diminuer le plus qu'ils peuvent, & d'affoiblir les plaintes que la Gouvernante est en droit de faire contr'eux. ils acquiérent ainsi peu-à-peu du penchant à feindre & à déguiser la vérité.

Bien loin donc de souffrir que les parens interrogent secrettement les Enfans sur ce qu'ils ont fait, & leur demandent si l'on est content d'eux, je voudrois qu'ils ne leur fissent jamais ces sortes de questions, qu'en présence de leurs Gouvernantes. La crainte d'être démentis les empêcheroit de s'écarter en rien de la vérité.

Mais que penser de l'étourderie de ces parens qui se plaignent en présence des Enfans des fautes que peut faire une

Gouvernante ? se peut-il qu'ils n'ayent pas assez de lumieres pour entrevoir les suites funestes d'une conduite si insensée ? s'ils ont à se plaindre du passé, ou à lui prescrire des régles de conduite pour l'avenir, la raison doit leur apprendre que c'est en l'absence des Enfans qu'il faut le faire. Ceux-là sont-ils plus sensez qui prêtent l'oreille aux moindres plaintes que leur vient faire un Enfant contre une Gouvernante ? Cela est d'une conséquence extrême. Il seroit bien plus à propos de ne pas faire semblant d'écouter alors les Enfans, souvent même de leur imposer silence, ou du moins, si la plainte est grave, de les tourner & retourner de bien des façons pour voir s'ils ne grossissent pas les objets, & n'altèrent pas la vérité : après quoi les renvoyer en leur donnant le tort, & parler en particulier à la Gouvernante. J'ai vû des Enfans qui, parce qu'ils avoient l'oreille de leurs parens, étoient assez rusez pour se plaindre souvent des choses qui ne leur étoient point arrivées, & pour imaginer de tems en tems quelque petit trait qui pût prévenir les parens contre la Gouvernante, & faire tomber les plaintes qu'elle pouvoit faire contre eux.

LEs fautes que les Gouvernantes elles-mêmes commettent dans l'éducation des Enfans dont on les charge, ne sont ni moins nombreuses ni moins nuisibles que celles des parens. Vous en voyez qui amusent leurs Eleves par des contes effrayants de démons, de sorciers, de revenants, de loups garous, &c. parce qu'elles s'apperçoivent que les Enfans les écoutent très-attentivement, & leur donnent ainsi quelques momens de repos & de tranquillité. Pernicieuse maxime. Ce n'est souvent qu'à cela qu'il faut attribuer les vaines frayeurs, les craintes frivoles dont ils sont saisis pour le moindre sujet, & cette timidité puérile qu'ils gardent jusqu'à la fin de leurs jours. Je n'approuve pas plus, par la même raison, celles qui pour se faire obéir des Enfans, les menaçent du *loup garou*, ou de quelqu'autre chose semblable.

Quand un Enfant est à l'âge de deux ou trois ans, il faut passer bien des choses qu'on ne lui pardonneroit pas dans un autre tems. Il n'est pas alors encore en état de supporter la correction. Ainsi quand on voit qu'un Enfant de cet âge refuse d'obéir, il faut prendre adroitement sa désobéissance pour une bonne volonté de fa part, comme en difant qu'il n'a pas pu mieux faire dans ce moment, mais qu'il fera mieux tout-à-l'heure. Que fi l'on s'apperçoit qu'il pourra bien refufer une feconde fois d'obéir, il vaut mieux ne lui en plus parler que de lui faire connoître qu'on remarque fon obftination, & de le renvoyer avec dureté. Ou bien après quelques momens d'intervalle, on ne lui demandera que la moitié de ce qu'on lui avoit ordonné d'abord, pour ne pas le remettre dans le cas de la défobéiffance, & s'il le fait de bonne volonté, on l'accablera de careffes.

Si vous appellez un Enfant de deux ou trois ans & qu'il refufe de venir, il faut faire femblant de n'être pas fâché qu'il ne vienne pas, parce qu'on réferve pour d'autres ce qu'on vouloit lui donner. S'il perfifte à ne vouloir pas venir, ne lui en parlez plus, parce que plus vous lui marquerez d'envie de lui voir faire ce que vous demandez, plus il s'obftinera à ne le pas faire. Si un moment après il vient comme de lui-même, tâchez de favoir fi c'eft pour avoir ce qu'on lui avoit promis, ou par le plaifir d'être obéiffant qu'il vient; & s'il vous dit que c'eft par obéiffance, il faut feindre de le croire, & lui donner ce que vous lui avez fait efpérer.

Lorfqu'un Enfant marque de l'obéiffance foit en des chofes graves, foit même dans les plus petites, témoignez lui la joye que vous en reffentez, quand même vous ferez fûr qu'il agit par caprice; car c'eft fouvent le caprice, plutôt que tout autre motif, qui fait faire le bien aux Enfans, N'oubliez rien pour le convaincre que vous n'avez pas de plus grand plaifir que de le voir docile; que tant qu'il fera tel, vous l'aimerez & ne négligerez rien pour lui faire plaifir; mais que s'il étoit mutin & défobéiffant, vous feriez fon plus grand ennemi, & que vous le puniriez très-rigoureufement. Mais au milieu de ces careffes il faut toûjours avoir un certain air grave en même tems & enjoué, que tout le monde n'a pas le talent de prendre à propos. Air gai fans folie, air tendre fans foibleffe, air grave fans trifteffe; car les Enfans prennent garde à tout, & tirent avantage de tout.

Lorfque le tems de former le caractere d'un Enfant (qui eft ordinairement l'intervalle depuis trois jufqu'à cinq ans)

eft

est arrivé, si après l'avoir pris par la douceur vous voyez qu'il persiste dans son humeur, menacez-le d'une terrible punition, sans jamais la désigner, & dans le tems que vous êtes sûr qu'il vous écoute très-attentivement, faites semblant de vous parler à vous-même, comme si vous ne vous apperceviez pas qu'il vous écoute. Alors vous verrez qu'il se consultera lui-même, & viendra souvent vous demander pardon. Vous prendriez cette démarche pour un retour d'amitié, tandis que souvent elle n'est causée que par la crainte. Alors ne vous rendez pas sur le champ, & faites lui achepter par quelques prieres le pardon qu'il demande, mais aussi ne le rejettez pas de façon à le rebuter.

Il est des Enfans d'un caractere doux & craintif, c'est par les sentimens & par l'amitié qu'il faut les conduire : d'autres sont nez avec un cœur plein d'aigreur & d'indifférence, ceux-ci veulent être menés par la crainte des peines ; mais il ne faut pas la mettre en usage qu'on ne soit bien sûr qu'ils sont tels.

Mais si vous avez affaire à un Enfant qui dise à tout propos *je veux*, & à qui il faille ceder en tout point pour calmer sa mauvaise humeur & ses cris continuels ; ne manquez pas d'en avertir ses parens afin qu'ils vous permettent d'user des moyens nécessaires pour rompre de bonne heure une opiniâtreté dont les suites sont si dangereuses. Et quand ils vous l'auront permis, vous pourrez essayer d'abord de le mettre en prison entre quatre chaises, ou de reléguer dans le coin d'une chambre en défendant à tout le monde de l'aller consoler, ni même voir ; ou le faire coucher si c'est dans le jour, ou bien encore de le priver sur sa bouche en lui donnant du pain quand il voudra du biscuit, ou enfin en lui ôtant la jouissance de ce qu'on sçait qui lui fait le plus de plaisir ; & si ces petites punitions ne servent qu'à irriter son humeur, & à lui faire redoubler ses cris dangereux pour sa santé, alors il faut avoir recours aux verges, & les lui faire bien sentir ; & si après qu'il aura eû le fouet d'une façon proportionnée à son âge & à ses forces il redouble ses cris & ses convulsions ; ne vous effrayez pas il est un moyen sûr d'arrêter l'un comme l'autre, c'est de recommencer sur le champ quand

B

même on ne lui donneroit que deux ou trois coups, & si
après cette seconde correction qui doit suivre immédiatement
la premiere, il faisoit mine de vouloir encore continuer, il
faut lui dire d'un ton sec & serieux que vous allez recommencer, & faire dans l'instant certains mouvemens qui le lui
fassent craindre, sans y mêler jamais le moindre mouvement
d'humeur & de colere. Cependant faites attention que je n'en-
tens pas qu'on exige d'un Enfant qui vient d'être corrigé qu'il
arrête ses pleurs & ses sanglots aussi subitement que l'on arrê-
teroit l'écoulement des eaux d'une fontaine dont il n'y a qu'à
tourner le robinet. Rien ne seroit plus pernicieux ni plus nui-
sible à sa santé si sa douleur ne s'exhaloit pas un peu au dehors,
il faut au contraire que l'Enfant pleure, & même qu'il san-
glote. Mais ce qu'il faut arrêter soigneusement à la suite d'une
correction, c'est le trépignement des pieds, le grincement des
dens, les cris redoublés jusques à extinction de voix; & enfin
tous les mouvemens convulsifs de tout le corps que les Enfans
gâtés ont coutume de faire pour peu qu'on refuse de se prêter
à tout ce qui est caprice ou fantaisie; mais vous me répondrez
peut-être que malgré vos representations les parens persistent
à vous défendre de jamais mettre la main sur leur Enfant
pour quelque raison que ce soit, je vous crois : il s'en trouve
d'assez bornés pour ne pas sentir de quelle consequence il est
tant pour la santé de l'Enfant, que pour le bonheur de sa vie
de corriger de bonne heure ces sortes de violence, mais ne
vous rebutez pas pour cela, prenez le moment favorable où
le pere & la mere se trouvant réunis vous donnent quelques
marques de confiance & de bonté pour leur réiterer vos répré-
sentations. Joignez y, si vous le pouvez, quelque exemple
frapant tiré de leur famille ou de celle de leurs amis. Il vous
sera aisé, comme ils ne sont pas rares, de leur rappeller quelque sujet dont toute la mauvaise conduite n'a pour principe
que la violence & la roideur qu'on n'a point eu soin de détruire
dès la plus tendre jeunesse. Et si après ces sages observations
ils persistent dans leur aveuglement, n'attendez jamais rien de
leur reconnoissance, mais au contraire vivez dans la crainte de
la plus noire ingratitude de leur part dès qu'ils s'appercevront
eux-mêmes dans la suite des défauts insupportables de leur En-

fant : car auſſi honteux qu'outrez de leur trop grande moleſſe,
ils ne manqueront pas de faire retomber ſur vous tout le tort
de cette mauvaiſe éducation, comme s'ils n'en étoient pas eux-
mêmes les auteurs.

Il ne faut jamais rien promettre aux Enfans qu'on ne le leur
tienne, & ſi on promet de les punir, ce qu'il ne faut faire
qu'à l'extrémité, il faut que la peine ſoit ſenſible, afin qu'ils
s'en ſouviennent, & qu'on les corrige d'un grand ſang froid
& ſans paſſion, leur faiſant connoître qu'on n'agit ainſi qu'à
regret & que par l'amitié qu'on a pour eux ; car ſi on ne les
aimoit pas, on leur laiſſeroit leurs humeurs, leurs caprices &
leurs défauts.

Lorſqu'un Enfant cherche à obtenir quelque choſe de vous,
& veut vous gagner par ſes careſſes, ſoyez ſur vos gardes, &
ne perdez pas votre ſérieux, ſi vous ne jugez pas à propos de
le lui accorder. Peut-être voudra-t-il vous vaincre par ſon opiniâtreté, alors redoublez votre ſerieux, paroiſſez d'un œil cour-
roucé tandis qu'il vous regarde, afin de l'effrayer & que cela
lui tienne lieu de châtiment.

Si un Enfant par ſon opiniâtreté à déſobéir mérite d'être
puni, eſſayez pour la premiere fois de feindre qu'une affaire
vous occupe & vous empêche d'être témoin de ſa déſobéiſſance & de l'en punir, afin que quelque tems après vous ayez
occaſion de lui dire qu'il vous auroit payé ſa mauvaiſe humeur
ſans les affaires qui vous ſont ſurvenues ; mais qu'à la premiére
fois il ne s'en tirera pas à ſi bon marché.

Il faut éviter de rien ordonner à un Enfant malade, on ne
pourroit en ce cas apporter du remede à ſa déſobéiſſance, &
il s'y accoutumeroit. On ne doit jamais non plus les contrain-
dre ſur des choſes indifférentes, ni les expoſer à faire paroître
de l'humeur en exigeant d'eux des choſes trop difficiles pour
leur âge. Par exemple, on n'a rien de plus preſſé que d'apprendre à un Enfant de deux à trois ans ſes lettres, on le croit
fort avancé quand à cet âge on a pu parvenir à lui faire diſtin-
guer un A d'avec un B. Belle merveille ! à quoi cela le mene-
r-il ? à rien moins qu'à lui faire prendre ſes leçons à quatre à
cinq ans avec la même legéreté & le même dégoût qu'il les pre-
noit à trois. Cependant c'eſt là la méthode de la plûpart des

Gouvernantes qui feroient beaucoup mieux de parler raifon à leurs Eleves, afin de leur former le jugement de bonne heure. Vous en voyez encore d'autres qui font toûjours en querelle avec leurs éleves pour un *Benedicite*, des *Graces*, ou pour la Priere du matin & du foir en *Latin*. Elles s'épargneroient ces fujets de mécontentement, fi elles avoient affez de bon fens pour ne faire apprendre aux Enfans que des prieres qu'ils puiffent entendre, & qu'elles comprennent elles-mêmes. Le *Catechifme* eft un autre fujet de querelle qu'elles écarteroient, fi elles avoient affez de jugement pour ne pas exiger des Enfans des chofes trop au deffus de leur portée, & fi elles vouloient fe contenter des Catechifmes courts & fimples qu'on a compofés pour eux. Une étude plus approfondie des points de la Religion doit être refervée pour un âge plus avancé. On voit fouvent qu'ils pleurent par méchanceté : il ne faut jamais les flatter pour les faire ceffer, c'eft le moyen de les faire crier plus fort. Mille expériences le confirment. Un Enfant pleure, tout le monde fe retire, ou fait femblant de fe retirer, il fe croit feul, & il ne dit plus mot. Il entend du bruit, c'eft quelqu'un qui revient, voila fes cris qui recommencent.

C'eft une mauvaife méthode d'effuyer leurs larmes, n'y faites pas atention, faites même femblant quelquefois d'y prendre une forte de plaifir, vous les verrez bientôt ceffer. Si néanmoins un Enfant pleure pour s'être bleffé, & qu'il n'y ait pas eu de fa faute, il faut le flatter pour adoucir fon mal.

Il eft quelquefois à propos de faire quelques agaceries à un Enfant. Ah vous allez le faire pleurer, s'écrie quelque folle, la parole n'eft pas lâchée qu'il pleure. En d'autres occafions vous en avez fait cent fois d'avantage fans qu'il fe foit avifé de pleurer.

Il eft des Gouvernantes qui infpirent à leurs éleves trop de familiarité en les tutoyant: on en voit qui ne font accoutumées qu'à faire les volontés de leurs éleves. Un Maître vient, qui chagrin du peu de progrès qu'il fait, fe plaint de la mauvaife humeur & du caprice de l'Enfant qu'il voit bien être trop abandonné à lui-même. Hélas, il eft trop jeune pour être appliqué, dit une fotte Gouvernante. L'Enfant écoute, & fe plaint à fon tour qu'on demande trop de lui pour fon âge, il refte là fans rien faire.

D'autres ont la foiblesse de rire des sottises de leurs éleves, au lieu de les en corriger, & quelques-unes sont attentives à cacher leurs défauts ou à les pallier. Ils sortiront de leurs mains avant qu'on s'en apperçoive; Peu leur importe qu'après cela les suites en soient funestes. Cela ne les regardera plus. Ennemies du travail & de ce qui pourroit troubler leur repos, elles ne veulent pas se donner la peine de déraciner dans leur naissance des habitudes qui, peut-être dans la suite, seront sans remede. C'est l'affaire de ceux qui leur succederont. A force d'être les Complaisantes de leurs Enfans, elles s'imaginent qu'elles en seront plus aimées; mais c'est une amitié qui ne sera pas fondée sur le respect, ni accompagnée de crainte, elle ne subsistera pas. Le tems ouvrira les yeux, on reprochera à la Gouvernante sa fatale complaisance, & la haine succedera à l'amitié.

Quelques autres enfin tombent dans un inconvenient contraire, bien loin de trop lâcher la bride à leurs éleves, elles les menent avec trop de séverité & de rigueur, & refusant pour la plûpart de se prêter à la foiblesse de leur âge, trouvent toûjours tout ce qu'ils disent comme tout ce qu'ils font fort sot & fort bête, & leur en font des reproches continuels plus par humeur que par zéle, en leur disant cent fois dans un jour, que vous êtes sots! que vous êtes bêtes! taisez-vous. Au lieu de representer à ces Enfans avec douceur ce qu'ils ont dit ou ce qu'ils ont fait de mal, & leur faire sentir comment & pourquoi ils ont manqué; afin qu'ils puissent se corriger & apprendre peu-à-peu la façon dont il faut qu'ils parlent ou qu'ils agissent une autre fois pour se faire aimer & applaudir. C'est un excès selon moi, qui est autant à blâmer dans une Gouvernante que la trop grande indulgence: Car pour peu qu'on refléchisse, on doit sentir qu'un Enfant élevé dans une crainte servile, & que l'on ne cesse de gourmander pour des minuties, ne fait jamais rien qu'en tremblant, & cette timidité prenant sur toutes ses actions & ses discours, non seulement lui ôte la gentillesse & les agrémens de son âge; mais encore le conduit infailliblement à rester souvent interdit & muet quand on lui parle par la crainte où il est de repondre quelque chose qui le fasse gronder. Cependant comme le jugement & le

raisonnement d'un Enfant ne sauroit se former que par beaucoup de questions & de réponses., si on lui ôte la liberté
d'hazarder quelquefois quelque petits raisonnemens parmi
lesquels j'avoue qu'il s'en trouvera de faux & qui n'auront
pas le sens commun, & que pour cela il faille manquer de
patience & d'adresse pour lui en faire sentir le peu de justesse;
Comment veut-on qu'il ose parler, si on lui ferme la bouche
par une sotise, & s'il ne parle pas, comment pourra-t-il apprendre à raisonner ! il faut donc quand on fait tant que de se
charger de l'éducation des Enfans, savoir se prêter à propos
à l'enfance & être aussi enclin à leur pardonner bien des petites choses qu'il faut souvent faire semblant de ne pas voir,
pour ne pas les rebuter, que vigilant & ferme à corriger en
eux tous les défauts essentiels tels que sont le mensonge, la
colere, l'opiniâtreté, &c.

Souvent des parens qui s'apperçoivent qu'ils ont mis auprès
de leurs Enfans une Gouvernante sans éducation & sans talens,
les retiennent long-tems auprès d'eux. C'est un autre inconvenient auquel ils ne prennent pas garde. Car cela expose les
Enfans à être témoins de mille tracasseries domestiques qu'il
est à propos de leur dérober, & à cent flatteries de la part
des étrangers. On ne manque pas de loüer leur esprit, leur
beauté, leurs habits, &c. les Parens doivent aussitôt leur
faire remarquer qu'on se mocque d'eux, qu'on ne les loue
sur cela que parce qu'on n'a rien de mieux à en dire, que la
sagesse est le seul bien qui mérite d'être loué, & que tout le
reste n'est rien. D'autres fois les Parens diront en présence des
étrangers, & comme en riant, que leurs Enfans sont méchans,
espiègles, &c. ce qui fait qu'ils regardent cela comme une
sorte d'éloge, & qu'ils se font un mérite d'être tels. Les Gouvernantes doivent aussi faire attention à cela. Les Enfans
qui restent ainsi auprès de leurs parens sont encore souvent
témoins des défauts des domestiques par les reproches qu'on
est quelquefois obligé de leur faire, & on doit laisser ignorer
aux Enfans qu'il est d'autres personnes qu'eux qui ayent des
défauts,

La conversation des Laquais est très-pernicieuse aux jeunes
gens. Pour l'ordinaire ils n'en apprennent que des choses ou

inutiles, ou groſſieres, ou mauvaiſes. Ne ſouffrez jamais que
des domeſtiques, ni d'autres perſonnes attachées à la maiſon,
entretiennent les Enfans de leur grandeur, de leur fortune, de
leurs richeſſes, & que pour leur faire leur cour ils leur faſſent
de petits préſens. Il eſt cependant quelques domeſtiques dignes
de l'exception, & ce que je viens dire ne les regarde pas.

Retirez de bonne heure vos Enfans des mains des femmes,
leur attention ſe porte ordinairement plus ſur leur ſanté
que ſur leur éducation. Elles ſont en general trop foibles pour
employer tous les moyens qui pourroient les corriger de leurs
défauts.

Prenez garde ſur-tout de ne jamais laiſſer pour Gouvernante à un Enfant ſa Nourrice, c'eſt de toutes les Gouvernantes celle qu'il faut le plus appréhender, à moins que vous
ne vouliez qu'elle faſſe comme l'animal de la fable qui étouffe
ſes petits à force de les careſſer.

Enfin les Grands-Peres & les Grands-Meres ſont un écueil
que les Parens n'évitent pas aſſez, la molle complaiſance de
ceux-là gâte les Enfans & les perd. On le ſçait bien, mais l'on
eſt retenu par des vues d'interêt ou d'autres conſiderations.
penſe-t-on donc qu'il ſoit des avantages auſquels on puiſſe ſa-
crifier l'éducation de ſes Enfans. On ne reviendra pas aiſément
de cette erreur. C'eſt qu'on n'enviſage que de loin tous les
maux dont cette mauvaiſe éducation va être le principe &
l'origine. On ne prévoit pas la triſteſſe & les chagrins que
cauſeront un jour des Enfans mal élevés à toute une famille:
les avantages qui ſont les ſuites d'une bonne éducation, ne
touchent pas d'avantage. Tout cela fait un point de vûe trop
éloigné pour la plupart des hommes. Il leur échappe. Ou
s'il y arrête leur vûe pour quelque moment, d'autres objets
qui flattent bien d'avantage leur goût, leur ambition, leurs
paſſions, ſe préſentant, font diſparoître le premier, & en
effacent bientôt la foible impreſſion.

LES NOMS ET LES DEMEURES

d'une partie des Enfans qui ont appris ou qui apprenent encore à lire par ma Méthode, parmi lefquels il s'en eft trouvé plufieurs qui ont lû à l'ouverture de toute forte de livres en moins de fix femaines de leçons, quoiqu'elle fut beaucoup moins parfaite que celle que je donne aujourd'hui par cette feconde édition ; ainfi que le prouve les différens Certificats que j'en ai eû dont je me contente d'en rapporter un qui eft plus que fuffifant pour convaincre les plus incrédules de la vérité de ce que j'avance.

J'Attefte & certifie qu'ayant mis mon Fils avant l'âge de quatre ans accomplis à la Méthode de M. l'Abbé Berthaud, j'ai eû la fatisfaction de le voir commencer à lire au bout d'un mois, & quinze jours après, être en état de lire fort joliment dans différens livres, fans que pendant ce tems-là il ait eû le moindre dégout & le moindre ennui. A Paris ce 16. Novembre 1745.

Signé, NEVET DE COIGNY.

Et plus bas LA MARECHALLE DE COIGNY.

.Les

Les noms des Enfans que je rapporte ici
font rangés felon la datte du tems où on
m'a demandé des Maîtres pour eux.

M. le Comte de Nevet, fils de M. le Comte de
Coigny, à l'Hôtel Mazarin.

M. de Brilhac, fils de M. le Comte de Brilhac, à
l'entrée de la rue d'Enfer.

M. du Marcois, fils de Madame du Marcois, fille
de M. Laurais, rue de la Verrerie.

M. de Beukley, fils de M. de Beukley, Lieutenant-
Général, rue du Cherche-Midi.

M. Bonfils, fils de M. Bonfils, dans les affaires, rue
du Gros-Chenet.

M. le Blanc, fils de M. le Blanc, Joaillier, fur le
Quay des Orfévres.

Mlle de Baye de Pléneuf, fille de M. de Baye, der-
riere les Moufquetaires.

M. de Fourbin, fils de M. le Marquis de Fourbin de
la Barbin, gendre de M. de Cafe Fermier Général, rue beaurre-Paire.

Mlle l'Habille, fille de M. l'Habille M^ad de Modes,
rue des Petits Champs.

Mlle de Beaupréau, fille de M. le Marquis de Sépeau
de Beaupréau Brigadier des armées du Roi, rue
S. Louis au Marais.

M. Hocquart, fils de M. Hocquart Thréforier de
l'Artillerie, rue du Gros-Chenet.

Mlle Poilly, fille de M. Poilly, rue S. Jacques.

Mlle Raince, fille de M. Raince, Notaire, fur le
Pont S. Michel.

Mlle Framboifier, fille de M. Framboifier Officier
de Police, rue S. Denys près la Porte de Paris.

C

M. de Barcos, fils de M. de Barcos Procureur à la
Chambre des Comptes, rue Cloche-Perche.

Mlle de Lowendal, fille de M. le Marechal de Lowendal, rue S. Maur près des Incurables.

Mlle de Marville, fille de M. Fedeau de Marville
premier Préfident du Grand'Confeil.

Mlle l'Habille, fœur cadette de celle qui a déja
été nommée.

M. Thevenot, fils de M. Thevenot, rue de la
Cerifaye.

M. l'Avocat, fils de M. l'Avocat Maître des Comptes, rue de Seine.

M. Cronier, fils de M. Cronier Épicier, rue faint
Jacques de la Boucherie.

Mlle Perfeval, fille de M. Perfeval dans les affaires,
rue Vivienne.

Mlle de la Courteaugé, fille de M. de la Courteaugé Receveur Général des Finances, Place
des Victoires.

M. Abraham, fils de M. Abraham, rue S. Denys
à la Croix blanche.

M. le Marquis de Maulde, fils de M. le Comte de
Maulde, au Luxembourg.

Mlle de Courgi, fille de M. Héron de Courgy,
rue Vivienne.

M. de la Garde, fils de M. Dupui de la Garde, rue
Montmartre.

Mlle de la Marteilliere, fille de M. de la Marteilliere, rue Traverfiere.

Mlle Fatou, fille de M. Fatou, rue S. Martin près
S. Julien le Ménétrier.

M. Boby, fils de M. Boby Receveur des Bois & Domaines, rue S. Sauveur.

M. Perier, fils de M. Perier Receveur des Bois &
Domaines d'Alençon, rue Montmartre.

M. Fontaine, fils de M. Fontaine dans les affaires,
rue Pavé au Marais.

M. de Prangin, petit Néveu de M. de Prangin, rue
Bar-du-bec au Marais.

M. de Tourniere, fils de M. de Tourniere Payeur
des rentes, rue de Richelieu.

M. Bohyer, fils de M. Bohyer, rue des Foffés de
M. le Prince, vis-à-vis celle de Vaugirar.

Mlle Guimey, fille de M. Guimey, rue S. Germain
de l'Auxerrois, près le Fort l'Evêque.

M. Taffin, fils de M. Taffin Banquier, rue du Ci-
métiere S. Nicolas.

M. Boiffiere, fils de M. Boiffiere Banquier, rue
Aubry-Boucher.

Mlle de Rohan, fille de M. le Duc de Rohan, fur
le Quay des Théatins.

M. de Fite James, fils de M. le Duc de Fite James,
à l'Hôtel de Barwich près les Incurables.

M. de la Gatine, fils de M. de la Gatine Banquier,
rue des Prouvers.

Mlle de Clermont Tonnerre, fille de M. le Comte
de Clermont Tonnerre, au Couvent.

M. Bergeret, fils de M. Bergeret Fermier Général,
Place des Victoires.

Mlle de Barcos, fœur de celui que j'ai déja cité
du même nom.

M. le Comte d'Alègre, fils de M. le Marquis d'A-
lègre, rue des Saints-Peres.

M. de Vernere, fils de M. de Vernere, rue Montmartre.

M. de Vernon, fils de M. de Vernon, rue S. Pierre.

M. Faventine, fils de M. Faventine dans les affaires,
Place des Victoires.

M. de Bras, fils de M. de Bras Banquier, rue Saint
　　Denys près S. Sauveur.

Frederic-Guillaume, fils du Prince Royal de
　　Pruſſe.

Les Demoiſelles de la Maiſon Royale de S. Louis
　　de S. Cyr.

Freres & Sœurs des Enfans que je viens de citer.

M. Taſſin.	Mlle de Lowendhal.
M. Hocquar.	Mlle Cronier.
M. Boby.	Mlle le Blanc.
Mlle de la Garde.	M. le Comte de Maulde.
Mlle de Barcos.	M. Faventine.
M. Raince.	Mlle de Fite-James.
Mlle de Beaupréaux.	M. du Marcois.
Mlle l'Habille.	Mlle de Brilhac.
Mlle de la Courteange.	Mde Abraham.

AUTRE PETITE QUADRILLE

Pour les Enfans de deux à trois ans,

OU l'Art de bien parler & réflechir de très-bonne heure en les amuſant avec des Figures enluminées & collées ſur deux cens Fiches de ſix couleurs différentes, dont on trouvera le nom & l'explication de chacune dans un petit imprimé qui contient en même tems la façon de les leur faire connoître & nommer ſyllabe à ſyllabe. Exercice auſſi propre à leur donner des idées qu'à leur faire acquérir, en jouant, la facilité de bien prononcer toute ſorte de mots quelques difficiles qu'ils ſoient; ce qui fait une très-grande avance pour la lecture, qu'il ne faut pas faire commencer à un Enfant de trop bonne heure ſi on ne veut pas qu'il en ſoit bientôt dégouté.

Le prix eſt de douze livres & ſe vend comme l'autre chez l'Auteur, *à la Penſion de l'Hôtel de Soyecourt rue de l'Arcade proche l'Egliſe de la Magdelaine, Faubourg ſaint Honoré*, où on eſt ſûr de le trouver tous les jours & à tout heure.

Le Privilége eſt à la fin de l'Ouvrage.